AF369557

PANÉGYRIQUE

DU

BIENHEUREUX PIERRE FOURIER

PRONONCÉ

DANS L'ÉGLISE DE MATTAINCOURT,

Le 7 juillet 1887.

Par le R. P. THIRIET

Des Frères Prêcheurs.

———

NANCY

IMPRIMERIE CATHOLIQUE DE RENÉ VAGNER

3, RUE DU MANÈGE

—

1887

PANÉGYRIQUE

DU BIENHEUREUX PIERRE FOURIER

PRONONCÉ

DANS L'ÉGLISE DE MATTAINCOURT,

Le 7 juillet 1887.

> *Laudemus viros gloriosos et parentes nostros in generatione sua* (ECCLI. 44. 1).
> Louons ces grands hommes qui sont nos pères; louons-les dans leur race.

Monseigneur (1),

Mes Frères.

Nous aimons, dans l'étude de l'histoire, à rencontrer des grands hommes. Ils sont pour toute l'humanité une gloire et une espérance : ils enrichissent son patrimoine moral et lui montrent à quelle hauteur elle peut atteindre. Les auteurs qu'on doit lire de préférence sont, après ceux qui parlent de Dieu, ceux qui ont raconté la vie des grands hommes.

Malgré toutes ses faiblesses et ses misères, l'humanité a vu surgir de son sein des hommes vraiment grands. Un jour, transporté d'enthousiasme, un de ses admirateurs disait à un général : Vous êtes taillé à l'antique; vous êtes grand comme les héros de Plutarque.

Nous avons, dans les temps modernes, des hommes plus grands que les héros de Plutarque, ce sont les Saints. Les Saints sont les vrais grands hommes, les plus grands et les plus complets. En eux, même dans les plus humbles, tout est héroïque. Et cependant leur grandeur ne nous écrase pas;

---

(1) Mgr de Briey, évêque de Saint-Dié.

nous sommes plus à l'aise avec elle qu'avec celle des grands hommes. Pourquoi cela ? N'est-ce pas parce que la grandeur des Saints est la vraie grandeur de l'âme ; parce qu'elle s'harmonise mieux avec les conditions ordinaires de la vie humaine ? N'est-ce pas aussi parce que du sein de la gloire les Saints continuent à agir sur les âmes pour les façonner à leur image ?

Nous sommes les enfants des Saints ; nous devons reproduire en nous la physionomie de nos glorieux ancêtres ; pour cela il nous importe de bien connaître le secret de leur sainteté.

Les Saints sont avant tout les hommes de Dieu. Ils n'ont voulu qu'une chose, s'immoler pour la gloire de Dieu ; mais en s'immolant ils ont grandi ; en s'abaissant devant Dieu, ils se sont revêtus de la grandeur de Celui pour qui ils s'immolaient ; en se sacrifiant pour Dieu, ils se sont retrouvés grandis en Celui pour qui ils se sacrifiaient. *Celui qui aura perdu son âme pour moi la retrouvera* (Matth. X, 39). Les Saints sont une preuve vivante que l'homme est fait pour Dieu et qu'il ne peut trouver sa grandeur qu'en cherchant Dieu.

Le Saint que nous honorons aujourd'hui est avant tout un homme de Dieu, dévoré de la passion de la gloire de Dieu et de l'immolation ; et dans cet homme qui ne cherche qu'à glorifier Dieu et à immoler l'homme, nous trouvons tout ce qui fait la grandeur de l'*homme* ; dans cet homme qui parait étranger à tous les intérêts de la terre, nous trouvons tout ce qui fait la grandeur *du citoyen*.

A l'heure présente, nous avons besoin d'hommes, nous avons besoin de citoyens. En nous arrêtant en présence de celui qu'on appelle le *Saint de la Lorraine*, nous comprendrons que c'est dans les hommes de Dieu, et par conséquent dans les vrais chrétiens que l'on rencontre toutes les vertus qui forment l'*homme* et le *citoyen*.

MONSEIGNEUR,

On vous voit chaque année empressé au culte du Bienheureux Pierre Fourier. Un cœur comme le vôtre sait comprendre et aimer les Saints. Vous n'avez qu'un désir dans le cœur : que les Saints qui sont la gloire de votre diocèse y aient des héritiers de leur esprit, et dans votre zèle, vous ne poursuivez qu'un but : former des Saints. En y travaillant et par vos instructions et par vos exemples, vous formez aussi, ce qui de l'aveu de tous nous manque, des hommes.

1

Oui, ce qui nous frappe tout d'abord dans le Bienheureux Pierre Fourier, c'est la passion de l'immolation, de l'immolation de l'homme à Dieu. Toutes les vertus qui ont pour but d'immoler la nature, atteignent en lui un degré inouï, effrayant.

Que se propose-t-il dans les rudes traitements auxquels il soumet son corps, dans ces veilles prolongées, dans ces jeûnes continuels, dans cette nourriture si grossière et si parcimonieuse, dans cette pauvreté si profonde, dans ces voyages à pied par tous les temps, dans ces flagellations sanglantes ? Sans doute sa mortification vient des exigences d'une âme qui veut tirer de son serviteur le plus qu'il est possible ; elle vient de sa charité, qui veut donner beaucoup au prochain et n'être à charge à personne : *omnibus prodesse, obesse nemini*. J'y trouve souvent ce double caractère, comme au jour où, à Pont-à-Mousson, il a été retenu longtemps au confessionnal : il est tard quand il revient au couvent, il en trouve la porte fermée, et plutôt que d'incommoder si légèrement que ce soit le frère portier, il passe la nuit assis sur une pierre. Le lendemain, on s'étonne de le trouver là, on lui fait des reproches. « *Il ne faut pas*, répond-il, *espérer grand service d'un homme qui veut toujours trouver son dîner prêt à la même heure, et pour sa*

couche, *un matelas dessous et une couverture dessus.* » Il y a dans
sa mortification et ses excès quelque chose de plus : il veut,
suivant la parole de saint Paul (Rom. XII, 1), faire de son
corps une hostie vivante et sainte offerte à Dieu.

Ce caractère d'immolation se retrouve dans son humilité,
qui est plus excessive encore que sa mortification, et qui parait occupée à détruire sans pitié et sans compensation tout
élément de grandeur.

L'homme, naturellement, tient à l'estime et redoute le mépris. Il ne veut vivre qu'entouré d'honneur dans l'esprit de ses
semblables. Il tient à la grandeur, et l'estime qu'on a pour lui
est un témoignage de cette grandeur. Voici un homme qui n'a
pour lui que du mépris, qui recherche le mépris, et qui est
blessé des marques d'estime qu'on peut lui donner. Il assiste
à un exorcisme (1). Le démon qu'il menace veut l'intimider
et lui annonce qu'une place lui est réservée en enfer. *Je l'ai
méritée,* répond-il simplement. Passant un jour devant un
gibet, il s'arrête devant les criminels qui y sont suspendus :
« *Quel supplice Dieu me garde-t-il,* s'écrie-t-il en pleurant,
*puisqu'il me laisse en vie, moi qui suis plus méchant que ces
misérables !* » Quand il est nommé Général de son Ordre, les
larmes aux yeux, il représente aux électeurs qu'une telle no-
mination est un affront pour l'Ordre.

Sa politesse habituelle est parfaite, pleine de respect et de
prévenances : la politesse et l'humilité s'harmonisent entre
elles. Mais un jour la politesse est vaincue par sa passion
d'humilité. Un homme qui a épousé une de ses parentes,
vient lui exprimer sa satisfaction d'être entré dans une
famille où il y a un Saint. Le bon Père s'étonne ; et, comme
le parent insiste, bientôt il est saisi par les épaules et mis à la
porte. « *C'est un flatteur. Que je ne le voie plus !* » disait
Pierre Fourier avec animation.

---

(1) Exorcisme d'Elisabeth de Ranfaing.

Une chose nous surprend plus encore que cette humilité si démesurée, que cette mortification qui parait une folie ; on sourit en présence de cette folie, on s'apitoie si elle dépasse certaines limites ; mais il arrive un moment où l'on est tenté de s'irriter : c'est quand on le voit devenir un étranger pour sa famille, dire à son frère le plus aimé *qu'il fallait qu'il se persuadât que son frère était mort* (1). Est-ce grandir, que de mourir aux affections de la famille ?

Et Pierre Fourier avec tous les Saints, répond par un seul mot, le mot de Jésus-Christ à sa mère : *Ne faut-il pas que je sois tout entier aux choses de mon Père ?* L'homme de Dieu s'est pris de passion pour le service de son Maître, et si ce service exige des séparations, le cœur aura beau crier, le serviteur de Dieu n'hésitera pas. L'homme de Dieu s'est pris de passion pour la gloire de son Maître : il a une telle idée de sa grandeur, qu'il regardera toute louange personnelle comme un rapt odieux fait à la majesté divine ; il vengera sur lui-même les droits de la justice et de la sainteté divines si souvent outragées. Pénétré d'amour pour un Dieu qui a été généreux jusqu'au sacrifice de lui-même, il sera dévoré de la soif du sacrifice, et poussera ce cri qui semble résumer toute la vie de Pierre Fourier : « *O mon Dieu, je voudrais être pour vous ce qu'est la brebis pour son maître, qui lui est utile par sa laine, sa peau, sa chair et ses entrailles.* »

Cette immolation de la nature nous fait peur. N'allons-nous pas y périr ? Qu'importe ! répondent les Saints, si elle glorifie Dieu, si elle est la condition de notre union avec Dieu ? En se dépouillant de lui-même, l'homme se revêt de Dieu. Qu'importe que l'homme soit écrasé, si c'est par Dieu, et si son écrasement relève la grandeur de Dieu ? Mais Jésus, qui est venu, non-pas seulement unir l'homme avec Dieu, mais aussi le relever, rassure les timides : *Si le grain de froment est*

----

(1) Lettre à la veuve de Jacques Fourier.

jeté en terre et s'il y meurt, il rapporte des fruits au centuple (1).
L'immolation de l'homme à Dieu sert, non pas seulement à la
gloire de Dieu, mais encore à la grandeur de l'homme. Pierre
Fourier nous en est un exemple frappant.

Vous craignez que cette humilité et cette mortification dé-
truisent l'intelligence et le caractère ; elles les font grandir.
Voyez le Bienheureux Pierre Fourier.

Il avait une intelligence naturellement vive, une mémoire
prodigieuse, une imagination brillante. Il aurait pu être un
littérateur distingué, ou un érudit, ou peut-être l'un et l'autre.
Plus d'un bel esprit du temps regretta, sans doute de le voir
enfouir des talents si brillants, dans une vie qui semble
étouffer l'esprit.

Hé bien ,qu'aurait-il fait ? Que serait-il resté de lui ? Peut-
être quelques phrases ingénieuses que l'on aurait admirées et
qui nous feraient sourire maintenant, quelques découvertes
bien dépassées par la science subséquente. Même s'il avait
fait progresser la langue, la philosophie ou la science, que
serait-ce en comparaison de ce qu'il a fait? Son intelligence
eut la gloire d'être sans cesse occupée à la contemplation de
la vérité qui ne passe pas ; de n'avoir jamais que de ces pensées mûries, que la Sainte Ecriture appelle *des jugements* (2);
de donner à des âmes nombreuses, la vérité qui nourrit et
sauve les âmes. Habitant continuellement les régions de la
lumière divine, son esprit acquiert une étendue, une sûreté,
une souplesse qui le préparent aux fonctions les plus di-
verses : il trace pour l'enfance les règles d'une éducation sé-
rieuse et chrétienne, pour les prêtres et les religieuses les
règles de la vie parfaite; à tous, gens du peuple, marchands,
il sait donner des conseils pratiques ; il organise le bien sous
toutes les formes, jusqu'à des banques de prêt pour les négo-
ciants dans l'embarras, et aux princes qui le consultent, il

---

(1) Joan. XII, 25.
(2) Cogitationes justorum judicia. (Prov. xii, 5).

sait donner des avis d'une rare compétence. Dans ses lettres si considérables et dans tous ses écrits, sa doctrine est nourrie, sa diction expressive et originale ; les grâces du style qu'il semble fuir, viennent se placer naturellement sous sa plume. Pierre Fourier, l'homme de l'humilité, fut grand par l'intelligence.

Il y a quelque chose de plus grand que l'intelligence : c'est le caractère. L'intelligence est nécessaire, pour former le caractère, mais elle n'est pas le caractère. Pour former un caractère, il faut ajouter aux lumières de l'intelligence, la droiture de la volonté, l'élévation de l'âme et une certaine fermeté qui, en toute circonstance, affirme la vérité et l'imprime en tous nos actes et en tout ce que nous touchons. Ce sont les hommes de caractère qui conduisent le monde : ils sont les vrais ouvriers du royaume de Dieu.

Ne croyez pas que l'humilité chrétienne, l'abdication que l'homme fait de sa personnalité, soit contraire à la force et à la grandeur du caractère : Pierre Fourier nous est la preuve du contraire.

Il rencontra plus d'une fois des causes de profonds découragements, l'homme qui, entré au noviciat des chanoines de Saint-Augustin, n'y trouva qu'irrégularité, tiédeur, négligence des choses de Dieu, dureté des anciens et des supérieurs pour les jeunes religieux qu'ils devaient former, en un mot, tout le contraire de ce qu'il était venu chercher ; l'homme qui, nommé curé, ne trouvait dans la paroisse à laquelle il apportait son âme et sa vie, qu'ignorance, blasphèmes, oubli des pratiques chrétiennes ; l'homme qui, appelé à réformer sa congrégation, n'y rencontrait que mauvais vouloir et hostilité ; l'homme sur le cœur duquel s'abattaient à certains moments tant de sollicitudes et d'épreuves ; l'homme qui dans ses desseins entrepris pour la seule gloire de Dieu, y rencontra toujours à l'origine, la défiance et le mépris. Il marchait en avant malgré tout ; et il avait un courage invincible parce qu'il était humble ; il acceptait pour lui le mépris, il en profitait pour sortir de lui-même, et pour fonder son unique appui sur Dieu.

Il était courageux non-seulement pour faire son devoir : quand il en avait la mission, il savait rappeler leur devoir à tous, aux grands comme aux humbles, avec une fermeté invincible. Dans son humilité et sa fidélité à Dieu, il fut comme le prophète, *pour les rois, pour les princes, pour les prêtres et pour le peuple, cette colonne de fer, ce mur d'airain*, sous l'image desquels Dieu recommandait à son envoyé une force indomptable (1). Un prince de la maison de Lorraine était venu à Lunéville, le consulter pour une affaire grave. Il avait placé son page à la porte de la cellule du bon Père, afin d'en écarter toute oreille indiscrète. Mais peu à peu la discussion s'échauffa. On entendait le prince qui criait : *Si, le ferai-je ! — Non, vous ne le ferez pas*, répondait le saint. *— Et qui donc m'en empêchera ? — Dieu qui vous parle par ma bouche.*

C'était un jour la veuve du duc Henri II, la princesse Marguerite, qu'il fallait faire renoncer à un dessein préjudiciable à la Lorraine. Après de longs débats qui n'avaient pas abouti, le vénérable prêtre célébrant la sainte messe devant elle, se retourna vers elle après l'élévation, et lui montrant l'hostie consacrée, lui dit : *Voici, madame, votre Dieu et votre juge.*

Une autre fois, c'était la superbe madame de Cantecroix, qui envahissait la chambre du saint religieux, âgé, infirme, pauvre et exilé, et essayait de l'amener, par des prévenances de toute sorte, à la traiter en légitime épouse du duc Charles IV. « Elle serait peut-être une souveraine accomplie, disait le saint, si son Altesse n'avait une autre épouse. » Et il ne répondit pas un seul mot à toutes ses paroles obséquieuses, et il la laissa descendre seule, confuse et troublée, son étroit escalier. Plus tard, tombée en disgrâce, elle se souvint de celui qui l'avait traitée avec tant de sévérité, quand tous les autres lui prodiguaient la flatterie, et elle vint à Mattaincourt, suspendre devant le tombeau du Bienheureux, une lampe d'argent.

---

(1) Ego quippè dedi te hodiè... in columnam ferream, et in murum æreum... regibus Juda, principibus ejus, et sacerdotibus, et populo terræ Jerem, I, 8.

Dans d'autres circonstances, la fermeté dût coûter davantage au cœur de l'humble prêtre. On allait procéder à Nancy, à un exorcisme. On demande au bon Père d'entendre quelqu'un en confession. Il était toujours prêt pour ce genre de ministère ; mais il est effrayé quand il voit qu'il s'agit de l'évêque lui-même ; il essaie de s'excuser. « Je n'ai qu'un mot à dire », assura Mgr de Maillane, et il s'agenouilla aux pieds du religieux. Deux heures s'écoulèrent, et lorsqu'il se releva absous, il avait promis au confesseur de se conformer rigoureusement, malgré les usages contraires, à toutes les prescriptions du concile de Trente.

Cette élévation et cette force du caractère qui sait affirmer la vérité et le droit malgré toute considération humaine, qui sait avertir en demeurant toujours dans la mesure, qui sait faire accepter les reproches, parce qu'ils sont la pure expression de la vérité, ne peuvent se trouver que dans les âmes que l'humilité a amenées à l'entier oubli d'elles-mêmes. L'oubli de soi pour la justice, n'est-ce pas la suprême grandeur ? Les héros de l'antiquité sont arrivés à la grandeur en s'oubliant pour la patrie ; en s'oubliant pour la vérité, pour la justice et pour Dieu qu'ils aiment plus qu'eux-mêmes, les saints se revêtent de la grandeur des êtres pour lesquels ils se sacrifient. Et puisque l'occasion s'en présente, pourquoi ne comparerais-je point deux actes dont l'analogie est frappante, d'un héros païen et de notre Saint ?

C'était dans la Grèce antique : à la veille d'une bataille où le sort du pays était en jeu, dans le conseil des chefs qui la préparaient, une discussion s'éleva ; et l'un des généraux à bout d'arguments, frappa de son bâton son contradicteur. « Frappe, mais écoute », lui dit celui-ci. Dans cet homme qui pour la patrie, sait ainsi s'oublier, il y a certes de la grandeur. Voici qui est plus grand. Pierre Fourier est en voyage. Dans son humble carriole d'osier, il est occupé à la lecture d'un Père de l'Église. Le conducteur s'engage par mégarde dans un faux chemin qui traverse un pré. Le propriétaire qui est à l'affût, accourt plein de colère et à coups de bâton, frappe le saint homme. Étonné d'abord, bientôt celui-ci se rend compte de son méfait. « *Oui, vous avez raison, nous vous avons fait du tort ; frappez, Monsieur, frappez encore !* » Et il voulait de plus l'indemniser du tort qui lui avait été fait. Une telle passion de la justice, quand elle se trouve dans l'homme, prouve qu'il y a en lui quelque chose de supérieur à l'homme.

Il y a, pour l'homme, une source de grandeur supérieure à celle du caractère : c'est le cœur. Un homme de caractère sait affirmer et imposer la vérité ; un homme de cœur sait la faire aimer. Le cœur est la source des grandes pensées et des résolutions généreuses. Le cœur est créateur. *Du bon trésor de son cœur*, disait Notre-Seigneur, *l'homme bon répand le bien* (1).

C'est surtout par le cœur que le chrétien l'emporte sur l'homme antique. Aussi la mortification, quand elle atteint le cœur, nous paraît particulièrement dure et même odieuse. Cette mortification du cœur, le Bienheureux Pierre Fourier la pratiqua à un degré extraordinaire, et en lui nous apparaissent avec éclat, les fruits de cette mortification. Nous voyons en lui qu'elle ne détruit point le cœur, mais qu'elle l'arrache aux affections qui égarent et amollissent, afin de le plonger dans la source de l'amour infini. Alors il aime avec intelligence, quoique souvent dans une mesure qui étonne l'intelligence ; il aime avec générosité, il aime avec persévérance, il aime avec puissance. Pierre Fourier semble avoir renoncé aux affections de la famille ; mais c'est pour aimer les siens d'un amour plus haut. Il les laisse à leurs joies, mais ils sont toujours sûrs de le retrouver dans leurs peines.

Un de ses frères vient à mourir ; il accourt veiller le mort, et il le veille pendant trois jours, dans la prière et le jeûne, jusqu'à ce qu'il puisse donner à sa nièce, l'assurance que son père est dans la gloire.

---

(1) Matth. xii, 35.

A l'âge de soixante-quinze ans, il écrivait à la veuve de son frère Jacques, à Mirecourt : « Nous avons cela de commun et comme héréditaire entre nous, de nous aimer parfaitement les uns les autres, à l'exemple de nos pieux ancêtres ; mais mon cher frère et moi, y avons surajouté quelque chose, ce me semble, par dessus ce que la nature et nos prédécesseurs nous avaient donné. »

On a dit que la reconnaissance était souvent un poids bien lourd, pour le cœur de l'homme. Les cœurs étroits et les cœurs orgueilleux n'aiment pas conserver le souvenir des bienfaits reçus ; ce souvenir les humilie, et il est plein d'exigences. Les grands cœurs, au contraire, conservent avec amour le souvenir des bienfaits reçus, ils aiment à recontrer des raisons d'aimer. Dans le cœur du bienfaiteur ils voient volontiers un amour supérieur aux bienfaits, et jamais ils ne pensent avoir payé leur dette (1). Pierre Fourier était plein de reconnaissance, tendre et généreux pour ses bienfaiteurs. On lui faisait remarquer qu'il s'arrêtait bien longtemps aux *memento* de la messe. « *Ah !* répondit-il. *il y a tant de personnes qui m'ont fait du bien, et il me faut longtemps pour en réciter la liste.* »

Tendre et généreux, il l'était pour les pauvres, qu'il appelait les *privilégiés du ciel,* les *anoblis de Jésus-Christ.* Se faire pauvre en faveur des pauvres. était une grande joie pour lui. On lui demandait où il trouvait les ressources si considérables pour ses aumônes : « *La frugalité*, répondit-il, *est une banque de grand rapport.* »

Il est un autre amour plus difficile à créer que celui des pauvres ; car il est non-seulement au dessus, il va à l'encontre des inclinations du cœur de l'homme. Il est aussi plus divin. *Si vous aimez ceux qui vous font du bien, disait Notre-Seigneur, les païens en font autant. Aimez vos ennemis, faites du bien à*

---

(1) D. Th. 2,2ᵉ, q. 106, a. 5 et 6.

*ceux qui vous persécutent, afin que vous soyez vraiment les enfants
du Père céleste, qui fait luire son soleil sur les méchants et sur les
bons.* Était-ce par humilité, s'accusant lui-même comme la
première cause des torts de ses ennemis, était-ce pour vaincre
la haine par l'amour, était-ce simplement pour répondre au
besoin invincible d'aimer, déposé dans son cœur par la charité ? Peut-être pour toutes ces causes réunies, mais le fait
était là, constant, universel, il avait pour ses ennemis un
amour particulièrement prévenant et empressé. « Ne diriez-
vous pas, remarquait son vieux biographe, qu'il était souhai-
table d'offenser cet homme, afin d'avoir part aux grands avan-
tages de bienveillance qu'il réservait pour ses ennemis?...
Comme une plante de baume sort de ses plaies une liqueur
bienfaisante qui enrichit celui qui l'a navrée, et lui rend la
santé pour récompense de ses taillades (1). »

Un suprême amour occupait son cœur, et animait toute sa
vie. Nous sommes touchés des manifestations de l'amour pa-
ternel, de sa constance et de son dévouement. Le prêtre, qui
pour répondre à l'appel de Jésus-Christ, a renoncé aux joies
de la famille, est appelé à connaître, sanctifiées et centuplées
les joies de cet amour, ses angoisses et ses gloires. Le prêtre
est père, père des âmes. Ces âmes qu'il a reçues de Jésus-
Christ, dans lesquelles il doit former Jésus-Christ, qu'il doit
conduire à la vie éternelle, il les aime d'un amour auquel on
ne peut comparer aucun autre amour humain. « *Gagner une
âme*, s'écriait notre Bienheureux. *Hé Jésus, c'est plus que créer
un monde !* »

Une fois que l'amour des âmes est entré dans un cœur, aucun sentiment humain ne peut se comparer à ce que ressent
ce cœur. Ni les joies et les espérances de l'époux accueillant
sa jeune épouse dans la maison qu'il lui a préparée, ni sa
fierté joyeuse quand il découvre dans son épouse des vertus

---

(1) Bédel.

toujours nouvelles, ni les joies du père et de la mère, tenant dans leurs bras leur enfant nouveau-né, ne sont égales aux joies du prêtre contemplant silencieusement la beauté des âmes qui lui sont confiées, et qui s'ignorent elles-mêmes. De même aussi les inquiétudes des parents pour l'avenir de leurs enfants, leurs angoisses en face de leurs dangers, leur tristesse quand ils pleurent sur leur cercueil, ne sont pas aussi profondes que les angoisses et les tristesses du prêtre redoutant la mort, pleurant la souillure des âmes qui lui appartiennent.

Il aimait les âmes avec tendresse, ce vieux prêtre si austère dans ses dehors, les âmes de ses frères, de ses religieuses, des petits enfants à l'éducation desquels il voulut consacrer deux congrégations nouvelles, et surtout de ses paroissiens. En 1631, ses filles de Châlons le pressaient de venir les voir; mais la guerre et les autres fléaux qui en sont la suite, la peste et la famine sévissaient en Lorraine et menaçaient sa paroisse; et il leur répondait : « *Pourriez-vous jamais me conseiller, curé que je suis, d'abandonner mon peuple et de ne pas vouloir mourir de faim avec eux, s'ils en meurent, et me tenir comme eux au milieu des craintes et des dangers de peste, pour les consoler, les repaître des saints sacrements et de la parole de Dieu, pour les exhorter à la patience, pour demander l'aumône pour eux? Mes bonnes sœurs, si vous saviez ce que c'est que d'être curé, c'est-à-dire pasteur des peuples, père, mère, capitaine, guide, garde, sentinelle, médecin, avocat, procureur, entremetteur, nourricier, exemple, miroir à tous, vous vous garderiez bien d'approuver, ou de désirer, ou de demander que je m'absentasse de ma paroisse en cette saison.* »

S'il est quelqu'un parmi vous qui n'aime pas les âmes, il ne sait pas encore à quelle hauteur, à quelle générosité, à quelle tendresse peut atteindre le cœur de l'homme.

Ainsi Pierre Fourier, l'homme du renoncement, de l'humilité, de la mortification, l'homme du sacrifice parce qu'il est l'homme de Dieu, réunit en lui tout ce qui fait la grandeur de l'homme, la grandeur de l'intelligence, l'élévation et la force du caractère. la générosité du cœur, et cela toujours parce qu'il est l'homme de Dieu. En lui, nous trouvons aussi ce qui fait le grand citoyen.

II

La Lorraine à l'époque du Bienheureux Pierre Fourier, traversait une crise redoutable. Placée entre le Saint-Empire auquel la rattachaient des souvenirs et des alliances antiques, et la France à laquelle elle se rattachait par la langue, le caractère, la position géographique et les relations de tout genre, dans la grande lutte engagée entre la France et la maison d'Autriche, elle était singulièrement exposée. Elle pouvait aspirer à être un trait d'union, et elle pouvait être l'enjeu de la lutte.

Que fallait-il faire ? Ah ! si la politique chrétienne, la politique qui se souvient de la parole de la sainte Ecriture, *la justice élève les nations* (1). la politique de saint Louis qui n'hésitait pas à rendre des provinces sur lesquelles il n'avait pas d'autres droits que ceux de la victoire, avait été encore la politique des rois ! Les droits de la Lorraine auraient été ménagés, on n'aurait pas eu cette alliance monstrueuse d'une nation catholique avec les protestants aux abois contre un empire catholique ; d'effroyables calamités auraient été évitées ; la Lorraine entraînée dans l'orbite de la France, aurait joint sa prospérité à celle de sa puissante voisine. La concentration et l'unité de l'Allemagne se seraient-elles opérées ? C'est probable ; mais, à la place de cette Allemagne militaire, rogue, hautaine, sans scrupules, protestante, menace perpétuelle pour la France, nous aurions une Allemagne catholique, débonnaire, amie de la paix. Une politique plus empreinte d'esprit chrétien et de simplicité aurait mieux servi la France,

____

(1) Prov. xiv, 34.

que la politique en apparence plus habile et trop admirée de Richelieu.

C'était la politique de Pierre Fourier.

Il aimait cet honnête pays de Lorraine, qui avait toujours été fidèle aux traditions catholiques ; qui avait envoyé ses chevaliers en si grand nombre en Terre-Sainte, et avait donné à la Croisade son premier chef, à Jérusalem son premier roi ; qui ne s'était pas laissé entamer par le protestantisme débordant de toutes parts ; qui, avec le duc Antoine, avait arrêté ce flot de nouveaux barbares qu'on appelait les Rustauds, et les avaient écrasés dans les plaines de l'Alsace ; qui, avec les Guise, avait aidé la France à conserver sa foi nationale.

C'était de la Lorraine, qu'au xi⁰ siècle, était sorti le premier des papes réformateurs, Léon IX, qui devina et prépara Grégoire VII ; d'elle, qu'au xv⁰ siècle, Dieu avait fait sortir la Libératrice de la France.

C'était encore en elle qu'aux xvi⁰ et xvii⁰ siècles, dans la Congrégation du Bienheureux Pierre Fourier, chez les Bénédictins et les Prémontrés, devaient s'accomplir les premières réformes des Instituts monastiques.

Fourier aimait le duc régnant, Charles IV, dont le caractère aventureux ajoutait aux périls de son pays, mais dont le cœur était généreux et croyant.

Consulté par lui, Pierre Fourier avait conseillé la neutralité.

Ses conseils ne furent pas écoutés. Bientôt la Lorraine était humiliée, et le redoutable cardinal était maître de Nancy. Il eut la curiosité de voir celui que l'on appelait le *Saint* de la Lorraine. Pierre Fourier fut obligé de comparaître devant lui. Il n'était pas homme cependant à s'incliner devant le succès ; il découragea bien vite le vainqueur par sa ferme attitude et ses réponses laconiques. « *Si saint Nicolas lui-même,* disait-il au sortir de cette entrevue, *était descendu en terre pour faire ce que cet homme veut exécuter dans la ville de Nancy, je ne l'aurais pas venu voir* (1). »

____

(1) Bedel, p. 353.

Pour servir son pays, cet humble a une décision et un courage de héros. Vous savez quels audacieux conseils il donna dans des circonstances critiques : à Charles IV trop compromis, celui d'abdiquer, et à son frère Nicolas-François, cardinal-évêque de Toul, non encore engagé dans les ordres sacrés, celui d'épouser la princesse Claude, qui pouvait, elle aussi, faire valoir des droits sur le duché, sauvant ainsi la lignée de Lorraine.

Il savait qu'il s'exposait à la rancune du grand cardinal, et il savait combien ses rancunes étaient terribles ; mais il ne craignait pas de souffrir pour la justice.

En matière de patriotisme, il est une vertu plus difficile à pratiquer que le courage : c'est la prudence, la prudence qui accomplit ce qui est utile, et qui évite les éclats dans lesquels on peut trouver sa gloire, mais qui peuvent nuire au bien général. Une lutte directe avec le cardinal pouvait compromettre les établissements de la Congrégation en France : il partit pour l'exil.

Au milieu des tristesses de l'exil, ne recevant pas une seule lettre qui ne lui apportât l'annonce d'une calamité nouvelle, il ne connut jamais le découragement : il voyait en tout la main irritée et cependant miséricordieuse de Dieu. « *Je voudrais*, disait-il, *que quelque théologien fît un livre qui montrât au peuple comme ce sont ses péchés qui ont attiré sur lui la colère de Dieu et qui sont les causes des guerres que nous voyons.* »

Nous avons souffert, mes bien chers Frères, et nous nous trouvons en face d'appréhensions plus grandes encore que les souffrances passées ; et souvent nous sommes tentés de désespérer. Nos pères ont souffert plus que nous, et leurs souffrances n'ont pas été pour eux un écrasement ; parce qu'ils étaient soutenus par leur foi, leurs souffrances ont été pour eux la préparation d'un grand siècle. Si la foi nous soutenait au milieu de nos épreuves, guidait notre patriotisme, amenait sur nos lèvres des paroles de repentir, l'épreuve, au lieu de décourager, tremperait les âmes et préparerait des temps plus beaux que tout ce que nous avons vu.

En disant adieu à ses religieuses de Saint-Mihiel, la dernière parole qu'il leur adressa fut une exhortation à l'union : *« Quand les ennemis seraient aussi malicieux que des démons d'enfer, ils ne pourraient vous nuire, si vous vous teniez ensemble bien unies. »*

Recueillons cette parole, nous qui sommes appelés à servir et à relever un pays qui a besoin de tous les dévouements, et souvenons-nous qu'au milieu des menaces du dehors, si nous savons nous tenir unis, unis dans la foi, dans l'amour de tout ce qui a fait autrefois la France la première des nations, eussions-nous contre nous des ennemis plus nombreux et plus haineux, nous serons invincibles.

A l'heure où il mourut, le 9 décembre 1640, les soldats qui montaient la garde sur les remparts de la ville de Gray, virent un globe de feu qui, s'élevant dans les airs, s'en allait du côté de la Lorraine. Il semblait que, séparée de son corps, avant de monter au ciel, son âme de flamme voulût encore visiter et bénir sa chère Lorraine, ce pays qui avait tant souffert, et qu'il avait tant aimé.

Nous a-t-il quittés, ce Saint qui, par sa droiture, sa force d'âme poussée jusqu'à une apparente âpreté, son ferme bon sens, sa générosité, est demeuré comme une des incarnations de l'âme de la Lorraine ?

Non ; il est et il demeurera toujours avec nous, formant des âmes héritières de son esprit et de ses vertus, les formant par ses exemples et par son action.

Vous répondrez à l'action que ce patron, ce père, veut exercer en vous. Vous lui donnerez votre âme, et il la formera à l'image de la sienne.

Nous avons besoin d'hommes, d'hommes d'intelligence, de caractère et de cœur ;

D'hommes ayant des convictions, sachant les affirmer et les répandre ;

D'hommes sachant mettre toute leur vie en harmonie avec leurs convictions ;

Et pour guérir les haines et les divisions sociales, d'hommes ayant une générosité invicible ;

Et pour sauver la patrie, d'hommes sachant, pour elle, accepter le sacrifice ;

Pierre Fourier nous apprendra que le grand homme et le grand citoyen ne se retrouvent que dans le vrai chrétien.

Et vous, les enfants des Saints, vous ne renierez pas vos ancêtres, surtout celui-là, qui fut si grand ; et pour être des hommes et des citoyens, vous serez de vrais chrétiens.

Nancy. — Imprimerie catholique de R. Vagner.